Inhalt

Personalrekrutierung per Facebook und Twitter - soziale Netzwerke ersetzen den Personalberater

Kernthesen

Beitrag

Fallbeispiele

Weiterführende Literatur

Impressum

GENIOS WirtschaftsWissen Nr. 11/2010 vom 15.11.2010

Personalrekrutierung per Facebook und Twitter - soziale Netzwerke ersetzen den Personalberater

R.Reuter

Kernthesen

- Die Bedeutung von Facebook, Xing oder Twitter nimmt bei der Rekrutierung geeigneten Personals zu.
- Rund ein Drittel der umsatzstärksten Unternehmen in Deutschland setzt bereits auf die Kandidatensuche in sozialen Netzwerken.
- Für die klassische Personalberatung bleibt oft nur noch die Suche nach hochqualifizierten Führungskräften.

Manche Agentur hat ihre Karteien darum bereits öffentlich zugänglich gemacht.

Beitrag

Leergefegter Arbeitsmarkt

Der Fachkräftemangel ist ein bekanntes Phänomen. Daneben zeigt sich, dass die niedrige Arbeitslosenzahl die Suche auch nach weniger qualifizierten Mitarbeitern immer mehr erschwert. Gesucht werden LKW- und Busfahrer genauso wie Lagerarbeiter. Experten glauben daher, dass diejenigen, die trotz der guten Verfassung des Arbeitsmarktes keine Arbeit finden, prinzipiell nicht mehr vermittelbar sind. Die Unternehmen stehen damit vor dem Problem eines leergefegten Arbeitsmarktes und suchen nach neuen Wegen im Personalrecruiting. (1)

Personalsuche über Online-Netzwerke

Auf der Suche nach Mitarbeitern nutzen die Unternehmen schon lange das Internet. Angeklickt werden neuerdings jedoch nicht nur Online-

Jobbörsen wie "jobs.de" oder "stellenanzeigen.de", sondern immer mehr auch soziale und Business-Netzwerke. Beim sogenannten Social Media Recruiting durchforsten die Unternehmen gezielt Plattformen wie Twitter, Facebook, Xing und LinkedIn. Die Ansprache geeigneter Kandidaten über die Netzwerke läuft so gut, dass klassische Recruiting-Instrumente in manchen Firmen bereits reduziert werden. Personalberater geraten damit jedoch noch nicht aufs Abstellgleis. Sie werden insbesondere gebraucht, wenn es um hochqualifizierte und schwer zu besetzende Positionen in den Unternehmen geht. (2), (5)

Vorteile bei der Aktualität

Laut Aussage des IT-Branchenverbandes Bitkom setzen zwölf Prozent der deutschen Unternehmen bei der Rekrutierung auf soziale Netzwerke. In der IT- und Kommunikationsbranche sind es sogar 19 Prozent. Unter den 1 000 umsatzstärksten deutschen Unternehmen nutzen 33 Prozent gezielt die Plattform Xing, zwölf Prozent nutzen hierfür auch das amerikanische Karrierenetzwerk LinkedIn. Die Experten gehen jedoch davon aus, dass dieser Anteil weiter ansteigen wird. Der Vorteil der sozialen Netzwerke ist dabei ihre Aktualität: Da jeder Nutzer sein Profil selbst pflegt, sind Karteileichen selten und überdies leicht zu erkennen. Personalberatungsfirmen können hier nicht mithalten. So gilt es schon als illusorisch, auch "nur" 1 000 Bewerberprofile ständig auf dem neuesten Stand zu halten. Alleine ein Businessnetzwerk verfügt jedoch über vier Millionen registrierte Nutzer. Die Vorteile sind so groß, dass auch der traditionell eher abwartende Mittelstand die Plattformen zunehmend durchsucht. (2), (8)

Attraktive Bewerber

Die Bewerber in den Netzwerken sind für die Unternehmen oft besonders interessant, weil sie meist bereits einen Arbeitsplatz haben und ihre Qualifikation und Berufserfahrung damit dokumentiert sind. Es soll insbesondere die Finanzbranche sein, die unter solchen Kandidaten nach neuen Mitarbeitern sucht. International tätige Firmen greifen am liebsten auf das englischsprachige Netzwerk LinkedIn zurück, da hier belegt ist, dass der Kandidat Englisch kann. (3)

Schwieriger Stand für Personalberater

Das bisherige Wissensmonopol der Personalberatungen wird durch die Netzwerke langsam aufgeweicht. Als ein Signal für die schwindende Bedeutung gilt die US-amerikanische Personalberatung Heidrick & Struggles International. Diese öffnete im vergangenen Jahr ihre Datenbank mit allen Personalprofilen für Kunden und gab damit die selbst so bezeichneten "Kronjuwelen" der Agentur preis. Der Bereich Personalberatung wird in dem Unternehmen seitdem heruntergefahren. Stattdessen setzt man verstärkt auf Management- und Strategieberatung. In der Personalberater-Branche setzt sich nun die bittere Erkenntnis durch, dass weder Datenbanken noch Karteikästen an die Möglichkeiten der Recherche in sozialen Netzwerken heranreichen. Die Hauptverlierer der Entwicklung werden nach Expertenmeinung jedoch die Print-Stellenbörsen sein. (2)

Headhunter weiterhin gefragt

Gleichwohl bleiben Headhunter weiterhin gefragt, da sich gerade Führungskräfte in den Netzwerken oft nicht finden lassen. Zudem werden für Führungspositionen immer speziellere Qualifikationen verlangt. So sind derzeit solche Manager besonders gefragt, die aus anderen Kulturräumen stammen. Ein anderes Feld für Headhunter ist die Auffindung geeigneter weiblicher Kandidatinnen für Unternehmen, die eine

Frauenquote eingeführt haben. Viel Erfahrung ist überdies nötig, um passende Aufsichtsräte zu rekrutieren. Die Finanzbranche legt bei der Suche jetzt mehr Sorgfalt an den Tag als vor der Finanzkrise, da die Aufsichtsräte der deutschen Banken ihren Kontrollaufgaben wegen fehlender Kompetenz oft nicht gerecht geworden sind. (4)

Trends

Netikette für Netzwerker

Das Softwarehaus Datev wollte wissen, wie viele seiner Mitarbeiter in sozialen Netzwerken aktiv sind und welche Informationen sie dabei über sich preisgeben. Ermittelt wurde, dass fast ein Drittel der Datev-Belegschaft twittert und dabei oft sehr genaue Mitteilungen über den eigenen Arbeitsplatz verbreitet. Wie auch andere Unternehmen will Datev dies nicht unkommentiert hinnehmen und hat darum einen Leitfaden für das Verhalten im virtuellen Raum verteilt. Die sogenannte "Netikette" ist kein Verbotskatalog, wohl aber eine Sammlung mit Ratschlägen. Oft ist den Netzwerknutzern nämlich nicht klar, wer ihre persönlichen Informationen missbräuchlich nutzen könnte und welches Gesamtbild sie über sich selbst im Netz verbreiten. (6)

Reputations-Check via Netzwerk auch umgekehrt

Auch für die Unternehmen wird es immer wichtiger, auf ihre Reputation im World Wide Web und insbesondere in den sozialen Netzwerken zu achten. Die Studie "Bewerbungspraxis 2010" von Monster Deutschland zeigt, dass bereits jeder vierte Stellensuchende im Karrierenetzwerk Xing nach Informationen über potenzielle Arbeitgeber sucht. (8)

Fallbeispiele

Jobverlust per Facebook

Soziale Netzwerke helfen nicht nur bei der Mitarbeitersuche - sie sorgen zuweilen auch dafür, dass ein Angestellter seinen Job verliert. Dies kann passieren, wenn der Mitarbeiter öffentlich seinen Arbeitgeber schlecht macht. Manchmal reicht aber auch die Nutzung des Netzwerks während der Arbeitszeit, um sich beim Chef unbeliebt zu machen. In manchen Großunternehmen ist die private Nutzung der Netzwerke am Arbeitsplatz darum verboten. Bei Porsche etwa sind Xing, Twitter und Ebay auf Firmenrechnern gesperrt. Andere

Unternehmen schreiten nicht ein und setzen auf die Selbstverantwortung der Mitarbeiter. (7)

Otto setzt auf "Fahndung" im Web

Der Versandhändler Otto setzt bereits auf zwei sogenannte "Searcher", die alle Social-Media-Kanäle gezielt durchsuchen sollen, um geeignete Mitarbeiter zu finden. Über die Direktansprache via Internet sollen bei Otto dieses Jahr noch hundert Stellen besetzt werden. Gesucht werden unter anderem Mitarbeiter für Einkauf, Vertrieb und Marketing. (9)

Weiterführende Literatur

(1) Firmen kämpfen um Fachkräfte
aus Hamburger Abendblatt, 29.10.2010, Nr. 253, S. 23

(2) Business-Netzwerke werden zur Konkurrenz der Personalberater
aus Handelsblatt Nr. 205 vom 22.10.2010 Seite 58

(3) Profil zeigen
aus Frankfurter Rundschau vom 30.10.2010, Seite K 16

(4) Geschäft der Headhunter zieht an
aus Handelsblatt Nr. 209 vom 28.10.2010 Seite 26

(5) Was Personalchefs zwitschern

aus Saarbrücker Zeitung vom 03.09.2010

(6) Der unvorsichtige Umgang mit Daten
aus Süddeutsche Zeitung, 12.10.2010, Ausgabe München, Bayern, Deutschland, S. 22

(7) "Sch*** Nuggets" // Nutzen Mitarbeiter während der Arbeitszeit privat Facebook & Co, können sie ihren Job gefährden
aus Der Tagesspiegel Nr. 20786 VOM 02.11.2010 SEITE 027

(8) Mitarbeiter finden sich im Web
aus acquisa, Vol. 55, Heft 05/2010, S. 50-53

(9) Per Twitter auf Personalsuche
aus Der Handel Nr. 10 vom 06.10.2010 Seite 074

Impressum

Personalrekrutierung per Facebook und Twitter - soziale Netzwerke ersetzen den Personalberater

Bibliografische Information der deutschen Nationalbibliothek

Die Deutsche Nationalbibliothek verzeichnet diese Publikation in der deutschen Nationalbibliografie; detaillierte bibliografische Daten sind im Internet über http://dnb.d-nb.de abrufbar.

ISBN: 978-3-7379-0957-0

© 2015 GBI-Genios Deutsche Wirtschaftsdatenbank GmbH, Freischützstraße 96, 81927 München, www.genios.de

Alle Rechte vorbehalten. Dieses Werk ist einschließlich aller seiner Teile – z.B. Texte, Tabellen und Grafiken - urheberrechtlich geschützt. Jede Verwertung außerhalb der Grenzen des Urheberrechtsgesetzes bedarf der vorherigen Zustimmung des Verlags. Dies gilt insbesondere auch für auszugsweise Nachdrucke, fotomechanische Vervielfältigungen (Fotokopie/Mikroskopie), Übersetzungen, Auswertungen durch Datenbanken oder ähnliche Einrichtungen und die Einspeicherung und Verarbeitung in elektronischen Systemen.